गिजुभाई का गुलदस्ता-3

चूहा सात पूंछों वाला

गिजुभाई बधेका

अनुवाद, रूपांतरण और चित्रांकन
आबिद सुरती

nbt.india
एकः सूते सकलम्
राष्ट्रीय पुस्तक न्यास, भारत
NATIONAL BOOK TRUST, INDIA

ISBN 978-81-237-4942-6

पहला संस्करण : 2007
पंद्रहवीं आवृत्ति : 2021 *(शक 1942)*

Chalo Saat Punchonwala *(Hindi)*

निदेशक, राष्ट्रीय पुस्तक न्यास, भारत
नेहरू भवन, 5 इंस्टीट्यूशनल एरिया, फेज-II
वसंत कुंज, नई दिल्ली-110070 द्वारा प्रकाशित
Website: www.nbtindia.gov.in

चूहा सात पूंछों वाला

जो न बोले सो निहाल

सौ के साठ

चिरौटा चार सौ बीस

किस्सा एक दाने का

जोगी या भोगी

फूफू बाबा

करते हो सो कीजिए

शिक्षक भाई-बहनों से

लीजिए, ये है बाल-कथाएं। आप बच्चों को इन्हें सुनाइए। बच्चे इनको खुशी-खुशी और बार-बार सुनेंगे। आप इन्हें रसीले ढंग से कहिए, कहानी सुनाने के लहजे से कहिए। कहानी भी ऐसी चुनें, जो बच्चों की उम्र से मेल खाती हो। भैया मेरे, एक काम आपकभी न करना। ये कहानियां आप बच्चों को रटाना नहीं। बल्कि, पहले आप खुद अनुभव करें कि ये कहानियां जादू की छड़ी-सी हैं।

यदि आपको बच्चों के साथ प्यार का रिश्ता जोड़ना है तो उसकी नींव कहानी से डालें। यदि आपको बच्चों का प्यार पाना है तो कहानी भी एक जरिया है। पंडित बन कर कभी कहानी नहीं सुनाना। कील की तरह बोध ठोकने की कोशिश नहीं करना। कभी थोपना भी नहीं। यह तो बहती गंगा है। इसमें पहले आप डुबकी लगाएं, फिर बच्चों को भी नहलाएं।

गिजुभाई

चूहा सात पूंछों वाला

एक था चूहा। नाम था चूंचूं। उसकी सात पूंछें थीं। एक दिन उसकी मां ने उसे पढ़ने को स्कूल भेजा। वहां उसकी सात पूंछें देख कर लड़के चिढ़ाने लगे :

चूहा सात पूंछों वाला, देखो सात पूंछों वाला
चूहा सात पूंछों वाला, देखो सात पूंछों वाला

चूहा रोता-रोता घर लौटा। मां ने पूछा, 'क्या हो गया मेरे लाल को? क्यों रो रहा हैं?' चूहा बोला, 'ऊं ऊं ऊं...मां सब लड़के मुझे चूहा सात पूंछों वाला कह कर चिढ़ाते हैं।' मां ने कहा, 'जा, एक पूंछ कटवा ले!' चूहा नाई के घर पहुंचा और एक पूंछ कटवा ली। अब छह पूंछें रह गईं! दूसरे दिन जब वह स्कूल गया, तो लड़के उसे फिर चिढ़ाने लगे :

चूहा छह पूंछों वाला, देखो छह पूंछों वाला
चूहा छह पूंछों वाला, देखो छह पूंछों वाला

चूहा ऊं ऊं ऊं...करता हुआ फिर घर आया और रूठ कर एक कोने में जा बैठा। मां ने कहा, 'अरे, खाना तो खा ले। भूख नहीं लगी है, क्या?' चूहा बोला, 'मैं नहीं खाऊंगा। सब बच्चे मुझे चूहा छह पूंछों वाला कह कर चिढ़ाते हैं।' मां ने कहा, 'नाई के घर जा कर एक पूंछ कटवा ले।' चूहा नाई के घर गया और एक पूंछ और कटवा आया। अब उसके पांच पूंछें थीं। दूसरे दिन वह

स्कूल गया। चूहे को आता हुआ देख कर एक बच्चा चिल्लाया, 'वो देखो, चूंचूं आ रहा है!' चूहे की पांच पूंछें देख कर लड़के फिर उसे चिढ़ाने लगे :

चूहा पांच पूंछों वाला, देखो पांच पूंछों वाला
चूहा पांच पूंछों वाला, देखो पांच पूंछों वाला

चूहा घबरा गया! जोर-जोर से रोता हुआ घर पहुंचा और एक लोटे में जा बैठा। चूहे की मां ने पूछा, 'अब क्या हुआ? क्या आसमान टूट पड़ा?' चूहे ने कहा, 'मां सब मुझे चूहा पांच पूंछों वाला कह कर चिढ़ाते हैं!' मां बोली, 'जा, फिर से नाई के घर जा। एक पूंछ और कटवा ले।' चूहे ने ऐसा ही किया। अब उसकी चार पूंछें रह गईं। जब चूहा स्कूल पहुंचा तो लड़कों ने उसे दुगुने जोश से चिढ़ाना शुरू किया। चूहा बुरी तरह रोता हुआ घर लौटा मुंह लटका कर प्याले में बैठ गया। मां के कहने पर उसने एक पूंछ और कटवा ली। फिर भी कोई फर्क नहीं पड़ा। बच्चे उछल-उछल कर उसे चिढ़ाते रहे।

आखिर उसके एक ही पूंछ रह गई। मां ने कहा, 'जा, अब तुझे कोई नहीं चिढ़ाएगा। अब तो सिर्फ एक ही पूंछ है।' नहा-धो कर चूहा फिर से स्कूल पहुंचा। लेकिन लड़कों ने उसका पीछा नहीं छोड़ा। कोई उसकी पूंछ खींचता था तो कोई उसके कान खींच चिढ़ाता था :

चूहा एक पूंछों वाला, देखो एक पूंछों वाला
चूहा एक पूंछों वाला, देखो एक पूंछों वाला

चूहा फिर रोता-बिलखता हुआ घर आया! मां ने पूछा, 'अब क्या बात है?' वह बोला, 'मां! मुझे अब भी बच्चे चिढ़ाते हैं। कहते हैं...चूहा एक पूंछ वाला। सब चूहों को एक-एक पूंछ होती है, फिर भी मेरे पीछे पड़े रहते हैं।' मां ने कहा, 'जा कर यह पूंछ भी कटवा ले। न रहेगा बांस, न बजगी बांसुरी।' चूहे ने ऐसा ही किया। अब तो वह बंडा बन गया। दूसरे दिन स्कूल जाने के लिए वह घर से निकला। उसने सोचा–'अब बच्चे मुझे कैसे चिढ़ाएंगे? अब तो मेरे पूंछ ही नहीं है।' जब वह स्कूल पहुंचा, तो सब लड़कों ने चूहे को घेर लिया और चिढ़ाने लगे :

चूहा बंडा है जी बंडा, चूहा बंडा है जी बंडा

यह सुनते ही चूहा भागा और सीधे घर जा कर पंखे पर लेट गया, फिर

सुबक-सुबक कर रोने लगा। मां ने कहा, 'अब क्या हुआ? धरती फट गई क्या?' चूहा बोला, 'मुझे अब भी बच्चे चिढ़ाते हैं। कहते हैं :

चूहा बंडा है जी बंडा, चूहा बंडा है जी बंडा

चूहे की मां ने सोच कर कहा, 'सुन, बढ़ई के पास जा और अपनी एक पूंछ लगवा ले।' चूहा बढ़ई के पास गया और बोला, 'बढ़ई, बढ़ई! मेरी पूंछ लगा दे।' बढ़ई बोला, 'काठ के उल्लू, कटी पूंछ नहीं लगती है।' चूहे ने कहा :

पूंछ लगा दे, वरना तेरा बसूला ले कर भागूंगा
पूंछ लगा दे, वरना तेरा बसूला ले कर भागूंगा

बढ़ई ने पूंछ नहीं लगाई। चूहा बसूला ले कर भागा। रास्ते में उसे एक लकड़हारा मिला। उसके पास बसूला नहीं था, इसलिए वह दांतों से लकड़ी काट रहा था। चूहे ने कहा, 'अरे, दांतों से कहीं लकड़ी कटती है? लो, यह मेरा बसूला लो।' लकड़हारा बसूले से लकड़ी काटने लगा। काटते-काटते

बसूला टूट गया। यह देख कर चूहा बोला :

लाओ मेरा बसूला, वरना लकड़ी ले कर भागूंगा

लाओ मेरा बसूला, वरना लकड़ी ले कर भागूंगा

लकड़हारा बसूला कैसे देता इसलिए चूहा लकड़ी ले कर भागा। कुछ दूर जाने पर उसे एक बुढ़िया दिखाई दी। बुढ़िया चूल्हे में अपना पैर जला कर रसोई बना रही थी। चूहे ने कहा, 'यह क्या मां जी! कोई अपना पांव जला कर रोटी बनाता है क्या? लो, यह लकड़ी लो और इसे जला कर रोटी बनाओ।' बुढ़िया ने लकड़ी चूल्हे में डाली। कुछ ही देर में रोटी बन गई। तभी चूहा आया और बोला, 'मां जी, मां जी! मेरी लकड़ी वापस दो।' बुढ़िया ने कहा, 'अब मैं तुझे लकड़ी वापस कैसे दूं? लकड़ी तो जल गई।' चूहा बोला :

लाओ मेरी लकड़ी, वरना रोटी ले कर भागूंगा

लाओ मेरी लकड़ी, वरना रोटी ले कर भागूंगा

यह कह कर चूहा रोटी लेकर भागा। भागते-भागते एक कुम्हार के भट्टे पर पहुंचा। कुम्हार वहां बैठा-बैठा दोहनी में रखे हुए दही के साथ मिट्टी खा रहा था। चूहे ने कहा, 'यह रोटी लो, दही के साथ रोटी खाओगे, तो भूख मिटेगी।' कुम्हार ने दही के साथ रोटी खा ली। तभी चूहा दहाड़ा :

लाओ मेरी रोटी, वरना दोहनी ले कर भागूंगा

लाओ मेरी रोटी, वरना दोहनी ले कर भागूंगा

कुम्हार रोटी कहां से लाता? रोटी तो उसके पेट में पहुंच चुकी थी। चूहा रोटी के बदले दोहनी ले कर भागा। रास्ते में एक ग्वाले का घर आया। ग्वाले के पास दूध दुहने के लिए बरतन नहीं था, इसलिए वह ओखली में दूध दुह रहा था। चूहा बोला, 'ओखली में दूध दुहने की जरूरत नहीं। लो, यह दोहनी लो।' ग्वाले ने दोहनी ली और वह दूध दुहने बैठा। तभी भैंस भड़की। उसने

दोहनी को लात मारी। दोहनी टूट गई। चूहा यह देख कर अपनी दोहनी मांगने लगा। बोला :

लाओ मेरी दोहनी, वरना भैंस ले कर भागूंगा
लाओ मेरी दोहनी, वरना भैंस ले कर भागूंगा

ग्वाला दोहनी नहीं दे सकता था, इसलिए चूहा उसकी भैंस ले कर भागा। भागते-भागते वह एक खेत में पहुंचा। वहां एक किसान हल चला रहा था। उसने एक बैल जोता था और दूसरे के स्थान पर अपनी बूढ़ी मां को जोत रखा था। चूहे ने कहा, 'अरे ओ निर्दयी...यह तू क्या कर रहा है? भला अपनी मां को कोई हल में जोतता है?' किसान बोला, 'क्या करूं? मेरा एक बैल मर गया। दूसरा खरीदने के लिए मेरे पास रुपए नहीं हैं।' चूहे ने कहा, 'तब मेरी यह भैंस कब काम आएगी।' किसान ने मां की जगह भैंस को जोता और हल

चलाने लगा। तभी भैंस को लू लगी और वह गिर कर मर गई। कुछ देर बाद चूहा आ पहुंचा। बोला, 'मेरी भैंस कहां है?' किसान ने कहा, 'वह तो मर गई। अब मैं तुम्हें कैसे दूं?' चूहा बोला :

लाओ मेरी भैंस, वरना मां को ले कर भागूंगा
लाओ मेरी भैंस, वरना मां को ले कर भागूंगा

अबकी बार चूहा किसान की मां को ले कर भागा। भागते-भागते वह एक गांव में पहुंचा। गांव की चौपाल के पास कुछ नट खेल दिखा रहे थे। चूहा वहां पहुंचा गया। लड़के को रस्सी पर चलते देख कर चूहे ने नट से कहा, 'भैया, तुम इस नन्हे बच्चे के प्राण क्यों लेना चाहते हो? यह ऊपर से गिरेगा, तो इसकी हड्डी-पसली एक हो जाएगी!' नट बोला, 'लड़का नहीं नाचेगा, तो क्या तुम्हारी यह बुढ़िया नाचेगी?' चूहे ने कहा, 'एकदम सही। लो, मेरी इस बुढ़िया को नचाओ।'

नट ने बुढ़िया को सहारा दिया। वह बेचारी कांपती-डोलती रस्सी पर चढ़ी। लेकिन रस्सी पर नाचती कैसे। वह तो एक चीख के साथ नीचे गिरी और वहीं ढेर हो गई। चूहा तो तैयार खड़ा था। उसने नट से कहा, 'तुमने मेरी बुढ़िया को क्यों मार डाला?' नट ने कहा, 'झूठ, सरासर झूठ। वह तो रस्सी से गिर कर मर गई। इसमें मेरा क्या कसूर?' चूहा बोला :

लाओ मेरी बुढ़िया, वरना ढोल ले कर भागूंगा
लाओ मेरी बुढ़िया, वरना ढोल ले कर भागूंगा

यह कह कर चूहा नट का ढोल ले कर भागा। भागते-भागते रास्ते में एक टीला आया। वह उस पर चढ़ कर ढोल बजाते हुए गाने लगा :

पूंछ के बदले बसूला लिया
बसूले के बदले लकड़ी ली

लकड़ी के बदले रोटी ली
रोटी के बदले दोहनी ली
दोहनी के बदले भैंस ली
भैंस के बदले बुढ़िया ली
बुढ़िया के बदले ढोल लिया
ढम-ढम ढोल बाजे ढोल

चूहा मस्त हो कर गा रहा था और ढोल बजा रहा था। तभी एक कौआ

कांव-कांव करता हुआ आया और चूहे को उठा कर आसमान में ले गया। फिर भी चूहा तो ढोल बजाता रहा और गाता रहा :

ढम-ढम ढोल बाजे ढोल
ढम-ढम ढोल बाजे ढोल

जो न बोले सो निहाल

दो पंडे थे। एक था चाचा, दूसरा था भतीजा। एक बार दोनों पड़ोस के गांव जाने को निकले। वहां पहुंच कर एक सेठजी के घर ठहरे। सेठजी ने उनका स्वागत-सत्कार किया और दोनों से कहा कि लड्डू बना कर खाओ। चाचा-भतीजे ने मिल कर बेसन के पांच बड़े-बड़े लड्डू बनाए। अब दोनों सोचने लगे कि इन्हें बांटा कैसे जाए? आखिर दोनों ने तय किया कि वे गूंगे बन कर बैठें। जो बोले, वह दो खाए और जो न बोले वह तीन खाए। चाचा-भतीजा, दोनों बिना बोले पांव पसार कर सो गए। सेठजी ने आ कर देखा तो कोई बोलता न था, न हिलता-डुलता था। बुलवाने की काफी कोशिश की गई, पर कोई मुंह ही नहीं खोलता था। सेठजी सोचने लगे...जाने किस जहरीले सांप ने इन्हें डंस लिया होगा! उन्होंने अपने बेटों को बुला कर यह दुखद खबर सुनाई। फिर कहा, 'आओ, हम सब मिल कर इन पंडों को मरघट पहुंचा दें।' चाचा-भतीजे ने लेटे-लेटे यह सुना। दोनों कांपने, कुलबुलाने लगे... यह तो गजब हो गया। लेकिन बोलें कैसे? जो बोले, उसे दो लड्डू मिलने वाले थे।

थोड़ी देर में गांव वाले इकट्ठा हो गए। अरथी तैयार होने लगी। चाचा-भतीजे दोनों को कस कर बांधा गया, पर दोनों में से एक भी नहीं बोला। दोनों ऐसे दम साधे पड़े रहे, मानो उनके प्राण सचमुच निकल गए हों। लोग रोते-बिलखते उनको श्मशान घाट ले आए। यहां चिता तैयार थी। दोनों को चिता पर लिटाया गया। फिर लगभग सब लोग नदी पर नहाने चले गए। बस चंद लोग वहां रह गए।

बेचारे सेठजी रोते-रोते चिता को आग देने के लिए बढ़े। चाचा मन ही मन कहने लगा...जल कर राख हो जाउंगा, लेकिन दो लड्डू हरगिज नहीं लूंगा। लूंगा तो तीन, वरना एक भी नहीं लूंगा। उधर भतीजा सोच रहा था...तीन लड्डू खाने के लोभ में जान गंवानी पड़ेगी। जान है तो जहान है। आखिर वह चिल्लाया, 'भागो!' तीन आपके और दो मेरे।' इतना कहते ही चाचा-भतीजे दोनों उठ बैठे। उन्हें चिता पर बैठा देख कर सेठजी बोले, 'भूत! ये दोनों तो भूत बन गए हैं।' और सभी बगैर पीछे देखे भाग खड़े हुए। चाचा-भतीजा दोनों सेठजी के घर पहुंच कर लड्डू खाने बैठे। तीन चाचा के, दो भतीजे के।

सौ के साठ

एक था मियां और एक था बनिया। मियां ने बनिये से कुछ रुपए कर्ज ले रखे थे। बनिया बार-बार रुपयों का तकाजा करता, लेकिन मियां की नीयत में ही पत्थर थे। एक धेला भी लौटाने का उसका इरादा नहीं था। बनिया जब भी उगाही के लिए आता, मियां उलटा-सीधा जवाब दे कर उसे टरका देता। आखिरकार बनिया थक गया। संदेश भेज-भेज कर परेशान हो गया। फिर भी उसने आखिरी कोशिश की।

एक दिन बगल में बही दबा कर वह मियां के घर पहुंचा। दरवाजा बंद था। उसने बाहर से आवाज दी, 'मियां जी घर पर हैं?' मियां के बेटे ने कहा, 'सेठजी, अब्बू तो बाहर गए हैं।' बनिये ने पूछा, 'कहां गए हैं?' बेटा बोला, 'कमाई करने।' बनिये ने पूछा, 'मगर कहां?' बेटा बोला, 'अमराई में। वहां से गुठली ला कर यहां आंगन में लगाएंगे। उससे आम का पेड़ निकलेगा। आम लगेंगे। हम आम खाएंगे और बेचेंगे भी। उनसे जो पैसे मिलेंगे, अब्बू आपका कर्ज चुकाएंगे।'

बनिया समझ गया कि

इस मियां से पैसे बसूल करना दीवार से सिर टकराना है।

मियां घर लौटे। बेटे ने उनको सारी बात कह सुनाई। मियां ने कहा, 'तूने समझदारी से काम नहीं लिया। पैसे लौटाने का जिक्र करने की क्या जरूरत थी?' तभी आग बबूला होता हुआ बनिया वहां आ पहुंचा। बोला, 'बरखुरदार, रुपए चुका दो वरना मैं इंसाफ के लिए पंचों के द्वार खटखटाऊंगा।' मियां ने कहा, 'अब आपने अक्लमंदी की बात कही। आप पंचों को बिठाइए। वे जो भी फैसला देंगे मुझे मंजूर होगा। वे कहेंगे तो नकद गिन दूंगा।'

चौपाल पर बैठक हुई। पंचों ने समझौता करवाने की कोशिश की। 'हां-ना हां-ना' करते हुए आखिर पंचों ने सौ के साठ देने की बात तय की। 'साठ रुपए!' मियां ऐसे बोले जैसे आकाश टूट पड़ा हो, 'सरकार, कुछ कम कर दें तो मैं अभी चुका दूंगा।' फिर पंचों ने दो इधर से घटाए दो उधर से काटे और यों आधे रुपए कम कर डाले। इसके बाद तो सिर्फ तीस रुपए ही देने की बचे। मियां बोल उठे, 'वाह, इसे कहते हैं इंसाफ। आपका फैसला एकदम सही है। मैं अभी दस नकद दे रहा हूं। दस का वादा करता हूं और बाकी दस का लेना क्या और देना क्या? एक अरसे बाद इतने बड़े मामले का निपटारा हुआ है। आपको इतनी रियायत तो देनी ही पड़ेगी।' अब बनिये से मियां बोले, 'सेठजी। पहले सुन लें और फिर अपनी बही में लिख लें।'

सौ के किए साठ, आधे हुए काठ
दस दिए, दस दूंगा
बाकी दस का लेना क्या देना क्या

मियां की चतुराई देख कर बनिया हंस पड़ा। तब मियां का बेटा बोला, 'अब्बू! देखिए, बनिया हंस रहा है।' मियां ने कहा, 'बात ही ऐसी है। आज उसे नगद दस रुपए जो मिले हैं।'

चिरौटा चार सौ बीस

एक थी चिड़िया, एक था चिरौटा। चिड़िया लाई चावल का दाना, चिरौटा लाया दाल का दाना। चिड़िया ने खिचड़ी बनाने की सोची। चूल्हे पर पतीली चढ़ा कर चिड़िया पानी भरने चली। जाने से पहले चिरौटा से कहा, 'जरा खिचड़ी पर नजर रखना, कहीं जल न जाए।' वह गई, तो चिरौटे ने कच्ची-पक्की खिचड़ी खा डाली। चिड़िया को भनक न लगे इसलिए वह आंखों पर पट्टी बांध कर सो गया।

थोड़ी देर बाद चिड़िया पानी भर कर लौटी। चिरौटे ने अंदर से किवाड़ बंद कर रखे थे। चिड़िया बोली, 'चिरौटे राजा, दरवाजा खोलो!' चिरौटे ने कहा, 'रानी, मेरी आंखें दुख रही हैं। मैं तो पट्टी बांध कर लेटा हूं। तुम खिड़की में से हाथ डाल कर दरवाजा खोल सकती हो।' चिड़िया ने कहा, 'लेकिन पानी से भरी दो मटकियां मेरे सिर पर से कौन उतारेगा?'

चिरौटा बोला, 'यह भी कोई सोचने की बात है? ऊपर वाली मटकी फोड़ डालो और नीचे वाली मटकी ले कर अंदर आ जाओ।' चिड़िया ने वैसा ही किया और नीचे वाली मटकी ले कर घर में आई। जब रसोईघर में जा कर उसने पतीली देखी, तो पता चला कि उसमें खिचड़ी है ही नहीं।

चिड़िया ने पूछा, 'चिरौटे राजा! खिचड़ी कौन खा गया?' चिरौटे ने कहा, 'मैं क्या जानूं? राजा का कुत्ता आया था। शायद वही डकार गया होगा।'

चिड़िया राजमहल में शिकायत करने पहुंची। उसने राजा से कहा, 'महाराज! आपका कुत्ता मेरी खिचड़ी खा गया है।' राजा बोला, 'कुत्ते को हाजिर किया जाए। वह चिड़िया रानी की खिचड़ी क्यों खा गया?' कुत्ता आया। उसने कहा, 'मैंने चिड़िया रानी की खिचड़ी नहीं खाई। चिरौटे ने खाई।' राजा ने आवाज दी, 'कोई सिपाही है?' सिपाही के आने पर राजा ने हुक्म दागा, 'चिरौटा और कुत्ता दोनों के पेट काटो, जिसने खिचड़ी खाई होगी उसके पेट में से खिचड़ी के दाने निकलेंगे न।' लेकिन चिरौटा डर गया। खिचड़ी उसी ने

खाई थी। वह कांपने लगा बोला, 'महाराज! क्षमा कीजिए।'

राजा को गुस्सा आ गया। उसने चिरौटे को कुएं में डलवा दिया। चिड़िया बेचारी कुएं पर बैठी-बैठी रोने लगी। इस बीच उधर से एक ग्वाला गुजरा। चिड़िया ने उससे हाथ जोड़ कर प्रार्थना की :

ओ रे गायों के ग्वाले रे ग्वाले
मेरे चिरौटे राजा को निकालो बाहर
मैं तुम्हें हलवा-पूरी खिलाऊंगी।

ग्वाले ने कहा, 'बहन, मुझे इतनी फुरसत कहां है कि तुम्हारे चिरौटे राजा को बाहर निकालूं। मैं तो जल्दी में हूं।' यह कह कर ग्वाला आगे बढ़ गया। चिड़िया वहीं बैठी बाट जोहती रही कि कोई दूसरा वहां से गुजरे। थोड़ी देर बाद एक चरवाहा भैंसें ले कर आया। चिड़िया ने उससे कहा :

ओ रे भैंसों के चरवाहे रे चरवाहे
मेरे चिरौटे राजा को निकालो बाहर
मैं तुम्हें हलवा-पूरी खिलाऊंगी।

भैंसों के चरवाहे ने कहा, 'बहन, मुझे इतनी फुरसत कहां कि तुम्हारे चिरौटे राजा को बाहर निकालूं? अभी तो मैंने कलेवा भी नहीं किया।' यह कह कर चरवाहा भी आगे बढ़ गया। चिड़िया और किसी की बाट जोहती बैठी रही। थोड़ी देर बाद भेड़-बकरियों के साथ एक गड़रिया उधर से गुजरा। चिड़िया ने कहा :

ओ रे भेड़-बकरियों के गड़रिये रे गड़रिये
मेरे चिरौटे राजा को निकालो बाहर
मैं तुम्हें हलवा-पूरी खिलाऊंगी।

गड़रिया बोला, 'बहन, मुझे इतनी फुरसत कहां है कि तुम्हारे चिरौटे राजा

को बाहर निकालूं?' यह कह कर वह भी आगे बढ़ गया। चिड़िया वहीं बैठी रही। तभी एक ऊंटों का रखवाला गुजरा। चिड़िया ने कहा :

ओ रे ऊंटों के रखवाले रे रखवाले
मेरे चिरौटे राजा को निकालो बाहर
मैं तुम्हें हलवा-पूरी खिलाऊंगी।

ऊंटों के रखवाले को चिड़िया पर दया आ गई। उसने चिरौटे को कुएं में से बाहर निकाला। चिड़िया बोली, 'चलो भैया! घर पहुंच कर मैं तुम्हें हलवा-पूरी खिलाऊंगी।'

ऊंटों का रखवाला चिड़िया के घर पहुंचा। चिड़िया ने बड़े प्रेम से उसके लिए हलवा-पूरी बनाई, लेकिन चिरौटा बदमाश निकला। उसने पीतल के एक तवे को तपा कर लाल-पीला बना दिया। जब भोजन का समय हुआ, तो चिरौटे ने वह तवा सामने रख कर कहा, 'आओ, ऊंटों के रखवाले, आओ। सोने के इस आसन पर बिराजो।'

ज्यों ही मेहमान उस तपे हुए आसन पर बैठा कि उछल पड़ा और चीखता-चिल्लाता हुआ भागा :

मैं तो जल गया रे, मैं तो जल गया रे
मैं तो मर गया रे, मैं तो मर गया रे।

किस्सा एक दाने का

एक किसान था। उसकी घर वाली एक रोज गेहूं साफ कर रही थी। तभी एक कौआ आया और डलिया में से एक दाना उठा कर पेड़ पर जा बैठा। किसान की घर

वाली भड़क उठी। उसने एक पत्थर दे मारा। कौआ कांव-कांव करता हुआ पेड़ पर से नीचे आ गिरा, लेकिन गेहूं का दाना पेड़ के कोटर में फंस गया। किसान की घर वाली लपक कर कौए के पास पहुंची और उसकी टांग पकड़ कर बोली, 'गेहूं का दाना दे, वरना मैं तेरे पंख काट कर कुएं में फेंक दूंगी।' कौए ने कहा, 'ऐसा गजब मत करना। दाना मैं अभी ला देता हूं।' अब कौआ पेड़ के पास आया। दाना पेड़ के कोटर में जा फंसा था, इसलिए उसने पेड़ से कहा, 'पेड़ पेड़..., दाना दो।' पेड़ बोला, 'मैं हरगिज नहीं दूंगा।' कौआ बढ़ई के पास पहुंचा और कहा :

बढ़ई बढ़ई पेड़ को काटो
पेड़ ने मेरा दाना लिया
मांगने पर भी देता नहीं

बढ़ई बोला, 'पेड़ को मैं नहीं काटूंगा।' इस पर कौआ राजा के पास पहुंचा। उसने राजा से कहा :

राजा राजा बढ़ई को पीटो
बढ़ई पेड़ को काटता नहीं
पेड़ ने मेरा दाना लिया
मांगने पर भी देता नहीं

राजा बोला, 'मैं बढ़ई को हरगिज नहीं पीटूंगा।' फिर कौआ रानी के पास पहुंचा। उसने रानी से कहा :

रानी राजा से रूठो
राजा बढ़ई को पीटता नहीं
बढ़ई पेड़ को काटता नहीं
पेड़ ने मेरा दाना लिया
मांगने पर भी देता नहीं

रानी बोली, 'मैं हरगिज नहीं रूठूंगी।' यह सुन कर कौआ सांप के पास पहुंच गया। उसने सांप से कहा :

सांप सांप रानी को डसो
रानी राजा से रूठती नहीं
राजा बढ़ई को पीटता नहीं
बढ़ई पेड़ को काटता नहीं
पेड़ ने मेरा दाना लिया
मांगने पर भी देता नहीं

सांप बोला, 'मैं हरगिज नहीं काटूंगा।' यह सुन कर कौआ डंडे के पास पहुंचा। उसने डंडे से कहा :

डंडे डंडे सांप को मारो
सांप रानी को डसता नहीं
रानी राजा से रूठती नहीं
राजा बढ़ई को पीटता नहीं
बढ़ई पेड़ को काटता नहीं
पेड़ ने मेरा दाना लिया
मांगने पर भी देता नहीं

डंडा बोला, 'सांप को मैं हरगिज नहीं मारूंगा।' फिर कौआ आग के पास पहुंचा। उसने आग से कहा :

आग आग डंडे को जलाओ
डंडा सांप को मारता नहीं
सांप रानी को डसता नहीं
रानी राजा से रूठती नहीं
राजा बढ़ई को पीटता नहीं
बढ़ई पेड़ को काटता नहीं
पेड़ ने मेरा दाना लिया
मांगने पर भी देता नहीं

आग बोली, 'मैं डंडे को हरगिज नहीं जलाऊंगी।' फिर कौआ समंदर के पास पहुंचा और कहा :

समंदर समंदर आग बुझाओ
आग डंडे को जलाती नहीं
डंडा सांप को मारता नहीं
सांप रानी को डसता नहीं
रानी राजा से रूठती नहीं

राजा बढ़ई को पीटता नहीं
बढ़ई पेड़ को काटता नहीं
पेड़ ने मेरा दाना लिया
मांगने पर भी देता नहीं

समंदर बोला, 'मैं आग को कतई नहीं बुझाऊंगा।' यह सुन कर कौआ जंगल में गया और हाथी के पास पहुंच कर बोला :

हाथी हाथी समंदर पी जा
समंदर आग बुझाता नहीं
आग डंडे को जलाती नहीं
डंडा सांप को मारता नहीं
सांप रानी को डसता नहीं
रानी राजा से रूठती नहीं
राजा बढ़ई को पीटता नहीं
बढ़ई पेड़ को काटता नहीं
पेड़ ने मेरा दाना लिया
मांगने पर भी देता नहीं

हाथी बोला, 'मैं समंदर नहीं पिऊंगा।' इस पर कौआ रस्से के पास पहुंचा। उसने रस्से से कहा :

रस्से रस्से हाथी को बांधो
हाथी समंदर पीता नहीं
समंदर आग बुझाता नहीं
आग डंडे को जलाती नहीं
डंडा सांप को मारता नहीं

सांप रानी को डसता नहीं
रानी राजा से रूठती नहीं
राजा बढ़ई को पीटता नहीं
बढ़ई पेड़ को काटता नहीं
पेड़ ने मेरा दाना लिया
मांगने पर भी देता नहीं

रस्सा बोला, 'मैं हाथी को क्यों बांधूं?' यह सुन कर कौआ चूहे के पास पहुंचा और कहा :

चूहे चूहे रस्से को काटो
रस्सा हाथी को बांधता नहीं
हाथी समंदर पीता नहीं
समंदर आग बुझाता नहीं
आग डंडे को जलाती नहीं
डंडा सांप को मारता नहीं
सांप रानी को डसता नहीं
रानी राजा से रूठती नहीं
राजा बढ़ई को पीटता नहीं
बढ़ई पेड़ को काटता नहीं
पेड़ ने मेरा दाना लिया
मांगने पर भी देता नहीं

चूहा बोला, 'मैं रस्से को नहीं काटूंगा।' फिर कौआ बिल्ली के पास पहुंचा और कहा :

बिल्ली बिल्ली चूहे को खा

चूहा रस्से को काटता नहीं
रस्सा हाथी को बांधता नहीं
हाथी समंदर पीता नहीं
समंदर आग बुझाता नहीं
आग डंडे को जलाती नहीं
डंडा सांप को मारता नहीं
सांप रानी को डसता नहीं
रानी राजा से रूठती नहीं
राजा बढ़ई को पीटता नहीं
बढ़ई पेड़ को काटता नहीं
पेड़ ने मेरा दाना लिया
मांगने पर भी देता नहीं

'चूहे खाना तो मेरा धर्म है।' यह कह कर बिल्ली चूहे को खाने दौड़ी। बिल्ली को आते देख कर चूहा रस्सा काटने दौड़ा। काटने के डर से रस्सा हाथी को बांधने पहुंचा। बंधने के डर से हाथी समंदर पीने लगा। सूखने के डर से समंदर आग बुझाने चला। आग बुझने लगी, तो उसने डंडे को जलाना शुरू किया। इस पर डंडा सांप को मारने दौड़ा। मार के डर से सांप रानी को डसने चला। सांप को देख रानी रहा से रूठ गई। रानी को रूठी देख राजा ने बढ़ई को धमकाया। वह अपना बसूला ले कर पेड़ को काटने चला। बढ़ई को दूर से ही आता देख पेड़ ने गेहूं का दाना कौए को दे दिया। फिर तो कौआ किसान के घर पहुंचा और उसकी घर वाली को दाना लौटा दिया।

जोगी या भोगी

सात भाइयों के बीच एक प्यारी-प्यारी बहन थी। बहन का नाम था सोनिया। एक दिन सोनिया अपनी भाभी के साथ मिट्टी लेने गई। सोनिया जहां खोदती, वहां सोना निकलता और भाभी जहां खोदती, वहां मिट्टी निकलती। भाभी ने अपनी टोकरी मिट्टी से भरी और सोनिया ने अपनी टोकरी सोने से भर ली। सोनिया की टोकरी में सोना देख कर भाभी के सीने पर सांप लोट गया। अपनी टोकरी सिर पर रख कर भाभी चलने लगी।

सोनिया ने कहा, 'भाभी, थोड़ा सहारा दो न। मुझ अकेली से यह टोकरी नहीं उठती।' दम भर रुक कर भाभी बोली, 'नहीं उठती तो मेरी बला से।'

सोनिया अकेली रह गई। टोकरी उठाने की उसने बहुत कोशिश की, पर वह उठा ही नहीं सकी। तभी एक लंगोटधारी जोगी उधर से गुजरा। उसने सहारा दिया। टोकरी सिर पर

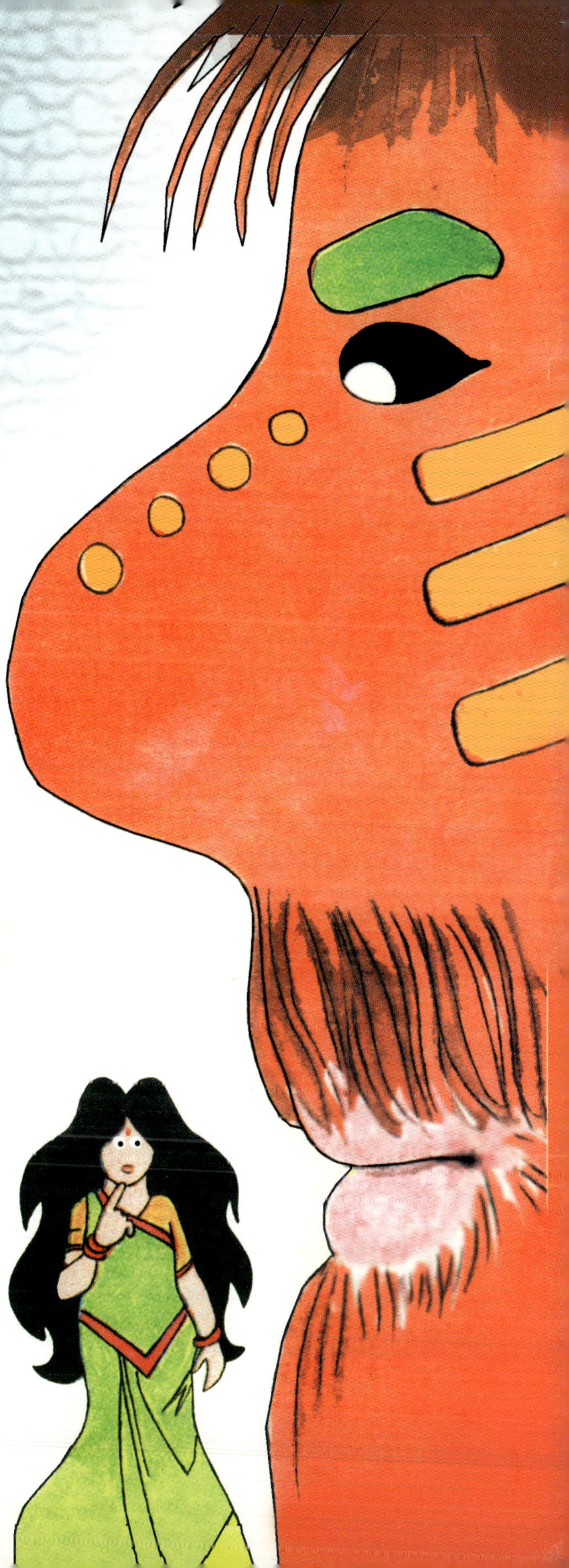

रख कर सोनिया अपने घर की ओर चल पड़ी। लेकिन तुरंत ही जोगी उसके पीछे दौड़ा और उसको उठा कर अपनी कुटिया में ले आया। फिर जोगी ने सोनिया से ब्याह कर लिया। उसे दो बच्चे हुए।

एक बार जोगी बीवी-बच्चों के साथ यात्रा पर निकला। गांव-गांव, नगर-नगर घूमते हुए सब आगे बढ़े। जोगी था भोगी। बन गया रोगी। अब वह चलता भी लंगड़ा कर था। इसलिए वह सोनिया को गांव में भीख मांगने के लिए भेजता और खुद गांव के बाहर बैठ कर बच्चों को संभालता। यों घूमते-फिरते कई सालों के बाद वे सोनिया के गांव पहुंचे। जोगी ने हमेशा की तरह इस गांव में भी सोनिया को भीख मांगने भेजा। सोनिया दर-दर भटकते हुए भीख मांगने लगी :

श्याम लाल के सात सपूत
सातों पर एक बहन सोनिया
इक जोगी ने उसे फंसाया
दुनिया भर में भीख मंगाया

सोनिया की आवाज सुन कर घर के सब लोग बाहर दौड़ आए, लेकिन वह सूख कर इतनी कमजोर हो गई थी कि कोई उसे पहचान नहीं पाया।

मां बोली, 'बेटी! तुमने अभी-अभी क्या कहा? जरा फिर से तो कहो।' सोनिया ने गीत दोहराया। सुन कर वह बोली, 'अरे, यह तो हमारी बिटिया रानी मालूम होती है।' उन्होंने सोनिया को पहचान कर उसे अपने पास रख लिया। उधर जोगी ने सोनिया का काफी इंतजार किया, मगर वह वापस नहीं आई। बगल में झोला लटका कर वह सोनिया को खोजने निकला। वह घर-घर भीख मांगता और गाता था :

माथे पर बिंदी चिपकी है,

पीठ से चोटी लहराए
घर में बच्चे रोते हैं
आ जा जोगी तुझे बुलाए

घूमता-फिरता जोगी सोनिया की गली में आ पहुंचा :

माथे पर बिंदी चिपकी है,
पीठ से चोटी लहराए
घर में बच्चे रोते हैं
आ जा जोगी तुझे बुलाए

जोगी की आवाज सुन कर घर के लोग इकट्ठा हो गए। वे आपस में कानाफूसी करने लगता है, यह वही पाखंडी है, जो हमारी बिटिया को उठा ले गया था। फिर सोनिया का एक भाई बोला, 'आइए बाबा जी, आइए। बिराजिए। यह तो आपका ससुराल है। थोड़ी देर में हम बेटी को विदा कर देंगे।'

कुएं की जगत पर खटिया बिछा कर उस पर बिछौना बिछाया गया और जोगी से कहा गया कि वह खटिया पर विश्राम करे। ज्यों ही वह खटिया पर लेटा कि धमाके के साथ कुएं में जा गिरा। फिर सोनिया अपने दोनों बच्चों को ले आई।

अब बारी थी भाभी की, जो सोनिया को जंगल में अकेली छोड़ कर आई थी। भाई ने उसको घर से खदेड़ दिया। भाभी ने अपनी गलती मान ली। सोनिया ने उसे माफ कर दिया। सोनिया अब अपने पिता के घर चैन से रहती है।

फूफू बाबा

एक ब्राह्मण था। उसका एक लड़का था। एक दिन बाप-बेटा पड़ोस के गांव जाने के लिए निकले। चलते- चलते रास्ता क्या भूले कि घने जंगल में पहुंच गए। उस जंगल में एक चुड़ैल रहती थी। दोनों को जोर की भूख लगी थी। वे चुड़ैल के घर पहुंचे। चुड़ैल घर में ही बैठी थी। उसे देख कर बाप-बेटा दोनों घर के कोने में पड़े कुठले में छिप गए।

दोपहर होने पर चुड़ैल कहीं बाहर गई और दूध की हंडी ले कर लौटी। फिर उसने खीर बनाई। खीर गरम थी। उसने उसे ठंडा करने के लिए एक ओर रख दिया। बेटे को कड़ाके की भूख लगी थी। खीर देख कर उसके मुंह में पानी आ गया। खाने के लिए वह उतावला होने लगा। वह पिता से बोला, 'बापू...अब तो मुझसे रहा नहीं जाता। मैं बाहर निकल कर खीर खाऊंगा। चाहे चुड़ैल मुझे ही क्यों न खा जाए।'

पिता ने कहा, 'अच्छी बात है। धीरे से बाहर निकलना। चुड़ैल की बाएं ओर बैठ कर खीर खाना। उसकी बाईं आंख नकली है। इसलिए वह तुझे देख नहीं पाएगी।'

बेटा धीरे से बाहर निकला। जैसे ही उसने खीर के बरतन में हाथ डाला, गरम-गरम खीर से उसका हाथ जल गया। वह फूंक-फूंक कर हाथ को सहलाने लगा। फूफू आवाज उठने लगी।

चुड़ैल ने पहले कभी ऐसी आवाज नहीं सुनी थी। वह एकदम डर गई। उसने सोचा, मेरे घर में यह कौन घुस गया? सचमुच यह कोई फूफू बाबा है। शायद बहुत बड़ा जादूगर हो! वह फौरन भागी। ?

रास्ते में उसे एक सियार मिला। सियार ने पूछा, 'अरी ओ भूत की बहत!

यों तीर की तरह कहां जा रही हो?' वह बोली, 'अब क्या बताऊं? मेरे घर में फूफू बाबा घुसा है। इतनी बढ़िया खीर बनाई थी मैंने, लेकिन नसीब में हो तब न।' सियार बोला, 'डरो मत। आओ, मैं तुम्हारे साथ चलता हूं। भला चुड़ैल के घर में घुसने की हिम्मत कौन कर सकता है? तुमसे तो सारा जमाना डरता है।'

चुड़ैल और सियार दोनों घर पहुंचे। सियार ने चारों तरफ देखा, तो कहीं कोई भी नजर नहीं आया। हां, कुठले में से फूफू की आवाज जरूर उठ रही थी। बेटा अभी भी अपने जले हुए हाथ पर फूंक मार रहा था। सियार बोला, 'हूं...कोई है

जरूर। चिंता की बात नहीं। कुठले में झांक कर अभी बताता हूं।' सियार आगे बढ़ कर कुठले पर चढ़ा और अंदर उतरने लगा। जैसे ही सियार की पूंछ करीब आई कि अंदर दुबके बैठे ब्राह्मण ने उसे पकड़ कर मरोड़ा दिया।

सियार चीखने-चिल्लाने लगा, 'बाप रे बाप! कुठले में तो कोई मरोड़ी लाल बैठा है! भागो, भागो। यह तो तुम्हारे फूफू बाबा का भी बाप मालूम होता है।' लेकिन सियार भागता कैसे? उसकी पूंछ तो ब्राह्मण के हाथ में थी। उसे छुड़ाने के लिए सियार ने ऐसा जोर लगाया कि पूंछ ही टूट गई। वह और चुड़ैल, दोनों अपनी जान बचा कर भाग खड़े हुए।

बाद में ब्राह्मण और उसका बेटा कुठले में से बाहर निकले और खीर खाने के बाद इत्मीनान से अपने घर पहुंच गए।

करते हो सो कीजिए

एक कौआ था। वह रोज नदी किनारे जाता और बगुले को नमस्कार करता। धीरे-धीरे दोनों में दोस्ती हो गई।

बगुला मछलियां पकड़ने में माहिर था। वह अपने अनोखे ढंग से रोज नई-नई मछलियां पकड़ता और कौए को खिलाता। कौए के तो दिन फिर गए। उसे हर दिन नया भोजन मिलता।

बगुला आकाश में उड़ता, लेकिन निगाह उसकी नीचे रहती। मछली दिखाई देते ही वह फर्राटे से नीचे आता, अपनी लंबी चोंच पानी में डालता और पैर

ऊंचे रख झट से मछली पकड़ कर किनारे पर आ जाता। कौआ यह सब देखता। उसका मन होता कि वह भी ऐसे ही मछलियां पकड़े। वह मन-ही-मन सोचा करता, इसमें कौन-सी बड़ी बात है? ऊपर उड़ना, निगाह नीचे की ओर रखना, मछली दिखाई देते ही फौरन नीचे आना, चोंच खोल कर पानी में डालना और औंधा सिर करके पांव ऊपर की तरफ उठाना। मछली चोंच में नहीं आएगी, तो जाएगी कहां?

सब कुछ सोच विचार कर एक दिन कौआ आसमान में उड़ा। बहुत ऊंचा उड़ा। फिर फर्राटे से नीचे आया। पांव ऊंचे रख, चोंच नीची कर फुरती से मछली पर टूटा, लेकिन मछली खिसक गई।

कौए की चोंच काई और बेलों में उलझ गई। पांच ऊंचे रह गए। कौआ छटपटाने लगा। चोंच छुड़ाने की उसने बहुत कोशिश की, पर सिर तो पानी में डूबता चला गया। तभी बगुला वहां आ पहुंचा। उसे दया आ गई। उसने बड़ी मुश्किल से कौए को पानी के बाहर खींचा। फिर कहा :

करते हो सो कीजिए
नकल न कीजे काग
चोंच फंसेगी बेल में
पांव बनेंगे काठ

कौआ समझ गया। नकल बिन अकल...खतराए-जान।

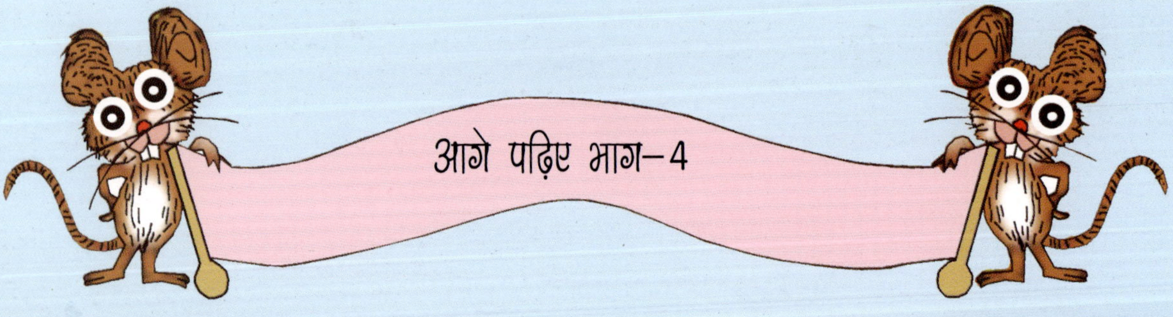